CON GRIN SUS CONOCIMIENTOS VALEN MAS

- Publicamos su trabajo académico, tesis y tesina

- Su propio eBook y libro - en todos los comercios importantes del mundo

- Cada venta le sale rentable

Ahora suba en www.GRIN.com y publique gratis

Automatización Eficiente. Transformando la gestión de datos por medio de Microsoft Access

Damir-Nester Saedeq

Bibliographic information published by the German National Library:

The German National Library lists this publication in the National Bibliography; detailed bibliographic data are available on the Internet at http://dnb.dnb.de.

ISBN: 9783389013281
This book is also available as an ebook.

© GRIN Publishing GmbH
Trappentreustraße 1
80339 München

Print and binding: Books on Demand GmbH, Norderstedt, Germany
Printed on acid-free paper from responsible sources.

The present work has been carefully prepared. Nevertheless, authors and publishers do not incur liability for the correctness of information, notes, links and advice as well as any printing errors.

GRIN web shop: https://www.grin.com/document/1465631

Título: Automatización Eficiente: Transformando la gestión de datos por medio de Microso
Access.

Title: Efficient Automation: Transforming data management through Microsoft Access.

Autor: Damir-Nester Yexiam Saedeq

Nota del autor: Las Imágenes que encontrará en el presente ensayo académico, a menos que el autor declare lo contrario, disponen de licencia Creative Commons 0 (CC0) y han sido obtenidas en http://Pixabay.com. Las referencias bibliográficas presentes en esta obra se encuentran referenciadas según Normas Vancouver.

Author's note: The Images that you will find in this academic essay, unless the author declares otherwise, have a Creative Commons 0 (CC0) license and have been obtained from http://Pixabay.com. The bibliographic references present in this work are referenced according to Vancouver Standards.

RESUMEN:

El presente ensayo académico explora el uso de bases de datos relacionales en un ambiente fabril, con énfasis en la herramienta automatizada Microsoft Access. La historia ficticia que ilustra la utilización de esta herramienta en una fábrica de productos derivados de la caña de azúcar, muestra la importancia de la creación de bases de datos digitales y la utilidad de Microsoft Access para gestionar grandes cantidades de datos de manera eficiente. El estudio define qué es una base de datos y describe los diferentes tipos de bases de datos, incluyendo jerárquicas, transaccionales y relacionales. Se explica cómo las bases de datos relacionales están compuestas por tablas relacionadas entre sí, con columnas llamadas campos o atributos y filas llamadas registros o tuplas. Se hace alusión a las posibles relaciones entre las tablas; como uno-a-uno, uno-a-muchos o muchos-a-muchos. El ensayo también describe las características fundamentales de un Sistema Gestor de Bases de Datos (SGBD), que permite almacenar, manipular y visualizar los datos contenidos en una o más bases de datos, organizadas en uno o más archivos. Se menciona que los SGBD actuales permiten el acceso concurrente a los datos de múltiples usuarios autorizados y garantizan la ausencia de problemas de seguridad y la integridad de la información. Aquí se presenta al Sistema Automatizado Microsoft Access como ejemplo de un SGBD robusto y versátil, capaz de crear bases de datos relacionales de gran complejidad con tablas normalizadas, llaves primarias y extranjeras, relaciones, consultas de selección o creación, y formularios, informes y botones de navegación, entre muchos otros elementos. Finalmente, se describe un escenario hipotético en el que es necesaria la creación de una base de datos relacional en Microsoft Access para el trabajo con los focos de Aedes aegypti en una localidad específica, y se explica paso a paso cómo crear una tabla en Microsoft Access para almacenar los datos relevantes.

Palabras clave: Automatización, base de datos, Microsoft Access, Sistema Gestor de Bases de Datos, SGBD, relaciones, campos o atributos, registros o artículos.

ABSTRACT:

This academic essay explores the use of relational databases in a manufacturing environment, with emphasis on the automated tool Microsoft Access. The fictional story that illustrates the use of this tool in a sugar cane products factory shows the importance of creating digital databases and the usefulness of Microsoft Access to manage large amounts of data efficiently. The study defines what a database is and describes the different types of databases, including hierarchical, transactional and relational. It explains how relational databases are made up of tables related to each other, with columns called fields or attributes and rows called records or tuples. Reference is made to the possible relationships between the tables; such as one-to-one, one-to-many or many-to-many. The essay also describes the fundamental characteristics of a Database Management System (DBMS), which allows storing, manipulating and viewing the data contained in one or more databases, organized in one or more files. It is mentioned that current DBMSs allow concurrent access to data by multiple authorized users and guarantee the absence of security problems and the integrity of the information. Here the Microsoft Access Automated System is presented as an example of a robust and versatile DBMS, capable of creating highly complex relational databases with normalized tables, primary and foreign keys, relationships, selection or creation queries, and forms, reports and buttons. navigation, among many other elements. Finally, a hypothetical scenario is described in which the creation of a relational database in Microsoft Access is necessary to work with the Aedes aegypti outbreaks in a specific locality, and it is explained step by step how to create a table in Microsoft Access. to store the relevant data.

Keywords: Automation, database, Microsoft Access, Database Management System, DBMS, relationships, fields or attributes, records or articles, SGBD.

Tabla de contenido

INTRODUCCIÓN:

Historia ficticia que ilustra la utilización de Bases de Datos Relacionales en un ambiente fabril

(Historia creada en base a las vivencias y experiencias profesionales y docentes del presente autor, de su completa autoría)

En aquella vieja cafetería, el aroma a hamburguesas recién cocinadas y café caliente creaba una atmósfera reconfortante. El grupo de trabajadores de la fábrica de productos derivados de la caña de azúcar celebraba haber conservado sus empleos, a pesar de la incertidumbre que rodeaba la automatización de la fábrica.

Mientras disfrutaban de los dulces caseros, el tema de conversación giró hacia la

Imagen No. 1: Reuniones informales entre expertos o especialistas. Su impacto en la productividad y la adopción de decisiones consensuadas.

Imagen bajo licencia Creative Commons 0 (CC0). Obtenida en http://Pixabay.com

necesaria creación de las bases de datos digitales y la herramienta automatizada que utilizarían para su creación y gestión.

—Hace tiempo que conozco una aplicación perfecta para este trabajo —dijo Pablo, el más experimentado del grupo—. Se trata de Microsoft Access. Es una herramienta muy potente y fácil de usar, y la utilizan especialistas en gestión de la información, investigadores universitarios, agencias gubernamentales y hasta empresas consultoras.

—¿Microsoft Access? ¿Podrías contarnos más al respecto? —preguntó Ana, la más joven del grupo.

Microsoft Access es un Sistema Gestor de Bases de Datos Relacional, o SGBD, según les comentaría Pablo a sus colegas de la fábrica, este software permite almacenar y gestionar grandes cantidades de datos de manera eficiente. Además, cuenta con una interfaz amigable y herramientas de programación integradas, lo que facilita su uso y personalización.

El grupo escuchaba atentamente a Pablo, mientras imaginaban cómo sería el proceso de automatización de la fábrica gracias a la implementación de esta herramienta.

—Podríamos crear bases de datos para el control del personal de la fábrica, el monitoreo de los recursos en los almacenes, y mucho más —dijo Juan, con entusiasmo.

—Exactamente —asintió Pablo—. Y lo mejor es que, una vez creadas, podremos gestionarlas fácilmente y extraer información valiosa para la toma de decisiones estratégicas, de manera muy rápida y con un reducidísimo margen de error.

El grupo continuó hablando y planeando la automatización de la fábrica, sintiéndose cada vez más seguros y entusiasmados gracias a la

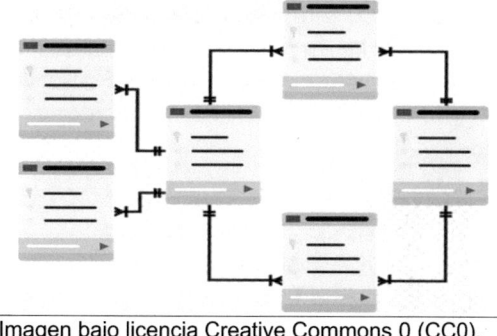

Imagen No. 2: Esquema básico de tablas o entidades, relacionadas entre sí, en un ambiente de Microsoft Access o de gestores similares.

Imagen bajo licencia Creative Commons 0 (CC0). Obtenida en http://Pixabay.com

perspectiva de utilizar una herramienta tan potente y versátil como Microsoft Access.

Y así, el grupo de trabajadores de la fábrica de productos derivados de la caña de azúcar se dispuso a afrontar el reto de la automatización, con la confianza de contar con una herramienta poderosa y fácil de usar, y con el apoyo y el entusiasmo de cada uno de sus miembros.

Comienzo del proceso de automatización en la fábrica.

Pablo, con su amplia experiencia en Microsoft Access, asumió el rol de líder del proyecto y guio al equipo en la creación de las bases de datos necesarias. Primero, crearon una base de datos para el control del personal de la fábrica. Almacenaron información sobre cada empleado, como su nombre, cargo, horario de trabajo y salario. Luego, crearon una base de datos para el monitoreo de los recursos en

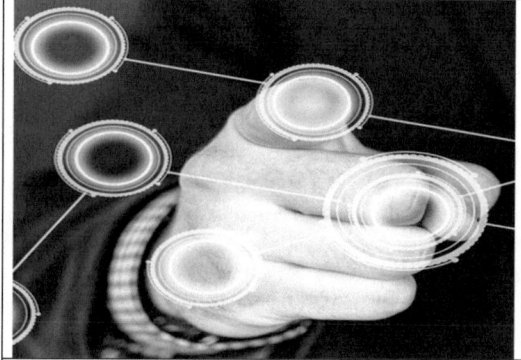

Imagen No. 3: Varias bases de datos de un ambiente fabril, trabajando como un solo sistema.

Imagen bajo licencia Creative Commons 0 (CC0). Obtenida en http://Pixabay.com

los almacenes, donde registraron la cantidad y el tipo de materias primas y productos terminados disponibles.

A medida que avanzaban en el proyecto, el equipo se enfrentó a diversos desafíos y dificultades. Sin embargo, gracias a la versatilidad de Microsoft Access y al apoyo del grupo, pudieron superarlos y continuar con el proceso de automatización. Además de las bases de datos, el equipo también implementó una aplicación basada en el Software SGBD Microsoft Access, para la gestión de las mismas. Esta herramienta permitió a los trabajadores hacer uso de consultas, actualizar datos y generar nuevos informes de manera rápida y sencilla. Finalmente, después de varias semanas de intenso trabajo, el proyecto de automatización de la fábrica llegó a su fin.

El equipo celebró su éxito y se sintió orgulloso de haber contribuido al progreso de la fábrica y al futuro de sus empleados. Gracias a la implementación de Microsoft Access y a la dedicación del equipo, la fábrica pudo optimizar sus procesos, reducir costos y mejorar su eficiencia. Además, los trabajadores pudieron aprovechar los nuevos conocimientos adquiridos durante el proyecto, lo que les permitió desempeñarse de manera más eficiente y efectiva en sus tareas diarias. La historia de este grupo de trabajadores de la fábrica de productos derivados de la caña de azúcar demostró que, con esfuerzo, dedicación y los instrumentos automatizados adecuados, es posible superar los desafíos y alcanzar el éxito en proyectos de automatización y en gestión de la información.

El presente ensayo académico, se sirve de un caso hipotético para reflejar un escenario perfectamente posible y que tiene lugar, con sus propios matices, en los más disímiles lugares del planeta. Centra su atención en el uso contemporáneo de las bases de datos automatizadas; su utilidad, sus formas más empleadas y conocidas y las particularidades que muestran estas.

Se hace especial énfasis en las Bases de Datos Relacionales, enmarcando el ejemplo en un ambiente fabril, donde se hace uso de la herramienta automatizada Microsoft Access. La historia ficticia que ilustra la utilización de esta herramienta en una fábrica de productos derivados de la caña de azúcar, muestra la importancia que reviste la creación de bases de datos digitales y la utilidad del software Microsoft Access para gestionar grandes cantidades de datos de manera eficiente. El estudio abarca las bases de datos más usuales, incluyendo las jerárquicas, transaccionales y relacionales. Se explica cómo las bases de datos relacionales están compuestas por tablas relacionadas entre sí, con columnas llamadas campos o atributos y filas llamadas registros o artículos, en ocasiones referidas en lo que respecta a su contenido y a la unión e interrelación de este como "tupla".

DESARROLLO:

¿Qué es una Base de Datos?

Según la experiencia del autor del presente ensayo. Una base de datos es un conjunto de datos ordenados, relacionados entre sí y a los cuales se puede acceder con facilidad y con muy diferentes propósitos. De una manera simple, una Base de Datos puede ser definida como: un contenedor que permite almacenar la información de forma ordenada con diferentes propósitos y

Imagen No. 4: Información graficada, procedente de una o varias bases de datos relacionales

Imagen sujeta a licencia Creative Commons 0 (CC0). Obtenida en http://Pixabay.com.

usos. Por ejemplo, en una base de datos se puede almacenar información de diferentes departamentos (movimiento hospitalario, gestión de historias clínicas, Inventario de productos de un almacén, entre otros). El almacenamiento de la información por sí solo no tiene un objetivo, pero si se combina y relaciona a la información entre sí, estas relaciones pueden aportar un valor.

Existen diferentes tipos de bases de datos en el mundo, cada una con características específicas que las hacen adecuadas para distintos propósitos.

Diferentes tipos de bases de datos:

Bases de Datos Jerárquicas: el nombre de este tipo en particular de bases de datos, revela algo de su propia naturaleza y utilización, ellas "... *almacenan su información en una estructura jerárquica o arbórea. En este modelo los datos se organizan en una forma similar a un árbol (visto al revés), en donde un nodo padre de información puede tener varios hijos. El nodo que no tiene padres es llamado raíz, y a los nodos que no tienen hijos se los conoce como hojas*". [1]

El autor de la presente investigación sostiene el criterio, devenido de la observación directa y el trabajo con estas estructuras, de que no existe existe forma de garantizar que (en las bases de datos jerárquicas) el registro secundario esté vinculado al registro principal correcto. Por ejemplo, puede eliminarse un nodo principal sin eliminar primero su nodo secundario, de modo que el nodo secundario asociado con la entrada no quede asociado a un nodo padre válido, lo cual constituye un problema de inconsistencia en los datos.

Imagen No. 5: Almacenamiento de datos según estructura arbórea, típica de las bases de datos jerárquicas

Imagen sujeta a licencia Creative Commons 0 (CC0). Obtenida en http://Pixabay.com.

Bases de datos transaccionales: Son bases de datos cuyo único fin es el envío y recepción de datos a grandes velocidades, estas bases son muy poco comunes y se usan para gestionar las operaciones diarias de una empresa y sus bases de datos. [2]

Bases de Datos Relacionales: Se trata de uno de los modelos más comúnmente utilizados en la actualidad; se emplea "… para modelar problemas reales y administrar datos dinámicamente". [3]

Algunas características de las bases de datos relacionales, **según la experiencia del autor del presente ensayo en la elaboración de bases de datos relacionales.**

- Estas bases de datos están compuestas por tablas relacionadas entre sí. En dichas tablas, las columnas son denominadas campos o atributos, mientras que a las filas se les denomina artículos o registros.
- Al conjunto de elementos contenidos en los campos o atributos, dentro de un registro dado, se le denomina TUPLA.
- Las tablas pueden tener diferentes tipos de relación entre ellas, a saber: de uno a uno, de uno a varios o de varios a varios.
- La información puede ser recuperada o almacenada por medio de "consultas de selección" previamente creadas, las cuales ofrecen una amplia flexibilidad.

Características fundamentales de un Sistema de Gestión de Base de Datos
Un SGBD, por sus siglas en español, es un conjunto de programas de computadora que opera como un solo sistema y que permite almacenar,

manipular y visualizar los datos contenidos en cualquier base o bases de datos, organizados en uno o más archivos. En el modelo más frecuentemente utilizado (base de datos relacional), la base de datos dispone de una serie de tablas entre las cuales los usuarios establecen relaciones. Aunque existen similitudes (ambos administran conjuntos de tablas), existen algunas sustanciales disimilitudes entre un SGBD y un tabulador electrónico, capaz de gestionar hojas de cálculo. [4]

El autor del presente ensayo, encuentra muy común, que los actuales Sistemas Gestores de Bases de Datos (SGBD), permitan el acceso concurrente a los datos de múltiples usuarios autorizados, y que estos sean capaces e realizar operaciones de actualización y consulta de sus datos en línea (estados de cuenta, carrito de compras, saldos telefónicos, entre otras modalidades), garantizándose en todos los casos, la ausencia de problemas de seguridad (debidos a accesos no autorizados), así como la integridad de la información, sin pérdida de datos que pudieran deberse al intento simultaneo de varios usuarios, de acceder al mismo fichero a un mismo tiempo.

Ejemplo de un SGBD que todo usuario puede tener en su computadora

El Sistema Automatizado "Microsoft Access", pertenece al paquete ofimático Microsoft Office. Se trata de un software que permite gestionar bases de datos, por cuanto también tiene la capacidad de recopilar datos de otras aplicaciones (como Excel, SharePoint, entre otras) y manejarlos por medio de consultas e informes. [5]

Este Sistema Gestor de Bases de Datos es, a criterio del autor del presente estudio, un software robusto; constituido por varios programas o subsistemas, y capaz de elaborar bases de datos relacionales de gran complejidad, dotadas de tablas normalizadas y provistas de sus correspondientes llaves primarias y extranjeras; así como relaciones, consultas de selección o creación (entre otras) y de formularios, informes y botones de navegación, macros, entre muchos otros elementos que le aportan al software todo lo necesario para el diseño de bases de datos que se ejecuten en ambientes gráficos intuitivos y amigables. Sin contar que dicho software puede estar instalado en el ordenador de todo usuario que se preocupe por adquirir una versión actualizada y profesional del paquete Microsoft Word.

A continuación, el autor del presente ensayo, describe un escenario en el cual es necesaria la creación de una base de datos relacional, para el trabajo con los focos de Aedes aegypti de una localidad X, correspondientes al primer trimestre del año en curso.

La institución policlínica a cargo de las acciones de salud pública del barrio X, necesita la creación de una base de datos relacional para el trabajo con los focos de Aedes aegypti correspondientes a su primer trimestre del año en curso. Para la referida labor se ha elegido el SGBD Microsoft Access.

Los datos que la institución policlínica considerará, son:

- Nombre y apellidos del morador
- Dirección de la vivienda
- Fecha del foco
- Descripción del foco
- Número de adultos encontrados
- Número de larvas encontradas
- Parroquia a la que pertenece el morador

¿Cómo resolver este problema por medio del Sistema Gestor de Bases de Datos Microsoft Access?

Solución del problema paso a paso:

- Abrir el Microsoft Access: Se accede desde el botón inicio a "todos los programas", desde ahí se accede a "Microsoft Office", en el paquete de Office se selecciona la aplicación "Microsoft Acces".
- Se le solicita al Microsoft Access la creación de una base de datos en blanco.
- Se establece la ubicación por carpetas y el nombre que recibirá nuestra nueva base de datos. Después se aplica clic sobre la opción "Crear".
- El sistema abrirá una tabla aún sin nombre en el formato de introducción de datos y creación automática de campos.
- Buscaremos el botón "Ver" en la barra de herramientas y seleccionaremos la opción "Vista diseño", lo cual nos dará acceso al entorno de diseño de nuestra primera tabla. ¿Recuerdan que las bases de datos relacionales están compuestas por varias tablas? Aquí colocaremos los elementos que componen a nuestra tabla principal.
- La daremos un nombre a la tabla, este será: "Principal".
- Comenzaremos a crear los campos (columnas de nuestra tabla), comenzando por la llave primaria o llave principal, con este objetivo llevaremos a cabo los siguientes pasos:
    - Escribiremos un nombre para nuestro campo llave primaria, este pudiera ser IdCI, donde Id-Significa que este campo es una llave, CI-Significa Carné de Identidad.

- Nos desplazaremos a "Tipo de Datos" y en esta columna especificaremos el formato de datos que tendrá nuestro campo llave primaria, en este caso será: "Texto".
- Nos desplazaremos a las propiedades del campo y allí colocaremos: el tamaño en caracteres del campo, y la máscara necesaria para la introducción de los dígitos correspondientes al número del carné de identidad de cada morador con un foco de Aedes aegypti en su vivienda.
- En la tercera columna (de izquierda a derecha) se coloca una breve descripción del uso que se le da a este campo en la tabla que está siendo construida, por ejemplo: "Carné de identidad del morador".
- Ahora procederemos a crear los siguientes campos de la tabla, a saber:
  - Nombre
  - Primer apellido del morador
  - Segundo apellido del morador
  - Dirección de la vivienda
  - Fecha del foco de Aedes aegypti
  - Descripción del foco de Aedes aegypti
  - Número de adultos encontrados
  - Número de larvas encontradas
  - Parroquia o localidad específica a la que pertenece el morador

- En la medida en que vamos creando los diferentes campos para contener la información que aquí se solicita, veremos los diferentes tipos de campo de que dispone Microsoft Access, tal y como ya lo hicimos con el campo de tipo "Texto".

CONCLUSIONES:

Puede concluirse que, cualquier proceso de automatización fabril, llevado a cabo con el auxilio de herramientas automatizadas semejantes al Microsoft Access, en lo que respecta a la creación y gestión bases de datos relacionales, puede ayudar a optimizar las labores y procederes propios de este ambiente productivo, así como reducir costos y mejorar la eficiencia de cualquier entorno industrial. Las bases de datos constituyen conjuntos ordenados de datos, relacionados entre sí y a los cuales se accede fácilmente y con diferentes propósitos. Existen diferentes tipos de bases de datos, como las jerárquicas, transaccionales y relacionales, cada una con características específicas que las hacen adecuadas para muy disímiles usos. Las bases de datos relacionales son una de las más comúnmente utilizadas en la actualidad y se emplean para modelar problemas reales y administrar datos dinámicamente. Por su parte, los SGBDs son un conjunto de programas de computadora que operan como un solo sistema y que permiten almacenar, manipular y visualizar los datos contenidos en cualquier base o bases de datos, organizados en uno o más archivos.

See below for conclusions in English.

CONCLUSIONS:

It can be concluded that any factory automation process, carried out with the help of automated tools similar to Microsoft Access, with regard to the creation and management of relational databases, can help optimize the tasks and procedures typical of this environment. productive, as well as reduce costs and improve the efficiency of any industrial environment. Databases constitute ordered sets of data, related to each other and which are easily accessed and for different purposes. There are different types of databases, such as hierarchical, transactional and relational, each with specific characteristics that make them suitable for very different uses. Relational databases are one of the most commonly used databases today and are used to model real problems and manage data dynamically. For their part, DBMSs are a set of computer programs that operate as a single system and that allow storing, manipulating and viewing the data contained in any database or databases, organized in one or more files.

Vea página anterior para las conclusiones en Español.

REFERENCIAS BIBLIOGRÁFICAS:

1.- Base de datos jerárquica. En: Wikipedia, la enciclopedia libre [Internet]. 2024 [citado 4 de abril de 2024]. Disponible en: https://es.wikipedia.org/w/index.php?title=Base_de_datos_jer%C3%A1rquica&oldid=158113737

2.- Galileo-Diplomado en Base de Datos. Universidad Galileo. 2022 [citado 4 de abril de 2024]. Conoce las bases de datos transaccionales: OLTP y OLAP aprende a diseñarlas en tu próxima carrera - ESEC. Disponible en: https://www.galileo.edu/esec/historias-de-exito/conoce-las-bases-de-datos-transaccionales-oltp-y-olap-aprende-a-disenarlas-en-tu-proxima-carrera/

3.- Enciclopedia de Ministerio Urbano. City Vision University. 2021 [citado 4 de abril de 2024]. Base de datos. Disponible en: https://library.cityvision.edu/base-de-datos

4.- Internet Archive Scholar. Internet Archive. 2021 [citado 5 de abril de 2024]. Sistemas de Gestión de Bases de datos y SIG. Disponible en: https://scholar.archive.org/work/ubshx7uynrbtpm2f5x26cddp5m

5.- Araujo-Inastrilla CR, Roche-Madrigal M del C, García-Savón Y, Araujo-Inastrilla CR, Roche-Madrigal M del C, García-Savón Y. Diseño de base de datos para el departamento de Sistemas de Información en Salud, La Habana 2021. Revista Información Científica [Internet]. 2023 [citado 8 de abril de 2024];102. Disponible en: http://scielo.sld.cu/scielo.php?script=sci_abstract&pid=S1028-99332023000100019&lng=es&nrm=iso&tlng=es

---

Nota del autor: Las Imágenes que encontrará en este ensayo académico, a menos que el autor declare lo contrario, disponen de licencia CreativeCommons 0 (CC0) y han sido obtenidas en http://Pixabay.com. Las referencias bibliográficas presentes en esta obra se encuentran acotadas según Normas Vancouver.

CON GRIN SUS CONOCIMIENTOS VALEN MAS

- Publicamos su trabajo académico, tesis y tesina

- Su propio eBook y libro - en todos los comercios importantes del mundo

- Cada venta le sale rentable

Ahora suba en www.GRIN.com
y publique gratis